12
3
6

Bloz & BEKA

les fonctionnaires 5

Corruption de fonctionnaires

Dessins :
Bloz
Scénario :
Béka
Couleurs :
David Lunven

BAMBOO ÉDITION

À Anaïs Axel

Bloz

www.bamboo.fr

116, rue des Jonchères - BP 3
71012 CHARNAY-lès-MÂCON cedex
Tél. : 03 85 34 99 09 - fax : 03 85 34 47 55
Site Web : www.bamboo.fr
E-mail : bamboo@bamboo.fr

TROISIÈME ÉDITION
Dépôt légal : septembre 2006
ISBN 2-915309-16-7

Imprimé en France
Printed in France by PPO Graphic, 93500 Pantin

GLADYS.
BUREAU D1-15
OH!
SALUT, VOUS ÊTES NOUVELLE?
OUI, C'EST MON PREMIER JOUR ET...
VENEZ, JE VAIS VOUS PRÉSENTER VOS COLLÈGUES ET VOUS FAIRE VISITER LE SERVICE!
?
LUI, C'EST JUSTE, LE PLUS FEIGNANT DE TOUS!
?
BONJOUR!
ET VOICI BRIGITTE ET FURIN QUI FONT CE QU'IL FAUT POUR LE SURPASSER!
SALUT!
ET VOUS, QUI ÊTES-VOUS? ET QUE FAITES-VOUS EXACTEMENT?
JE M'APPELLE GLADYS ET JE SUIS CONSULTANTE DANS UNE ENTREPRISE PRIVÉE.
MON RÔLE EST DE DÉCOUVRIR POURQUOI CE SERVICE EST IMPRODUCTIF, ET D'Y REMÉDIER...
...JE CROIS QUE MA MISSION EST À MOITIÉ REMPLIE.
!!!
BLOZ & BÉKA

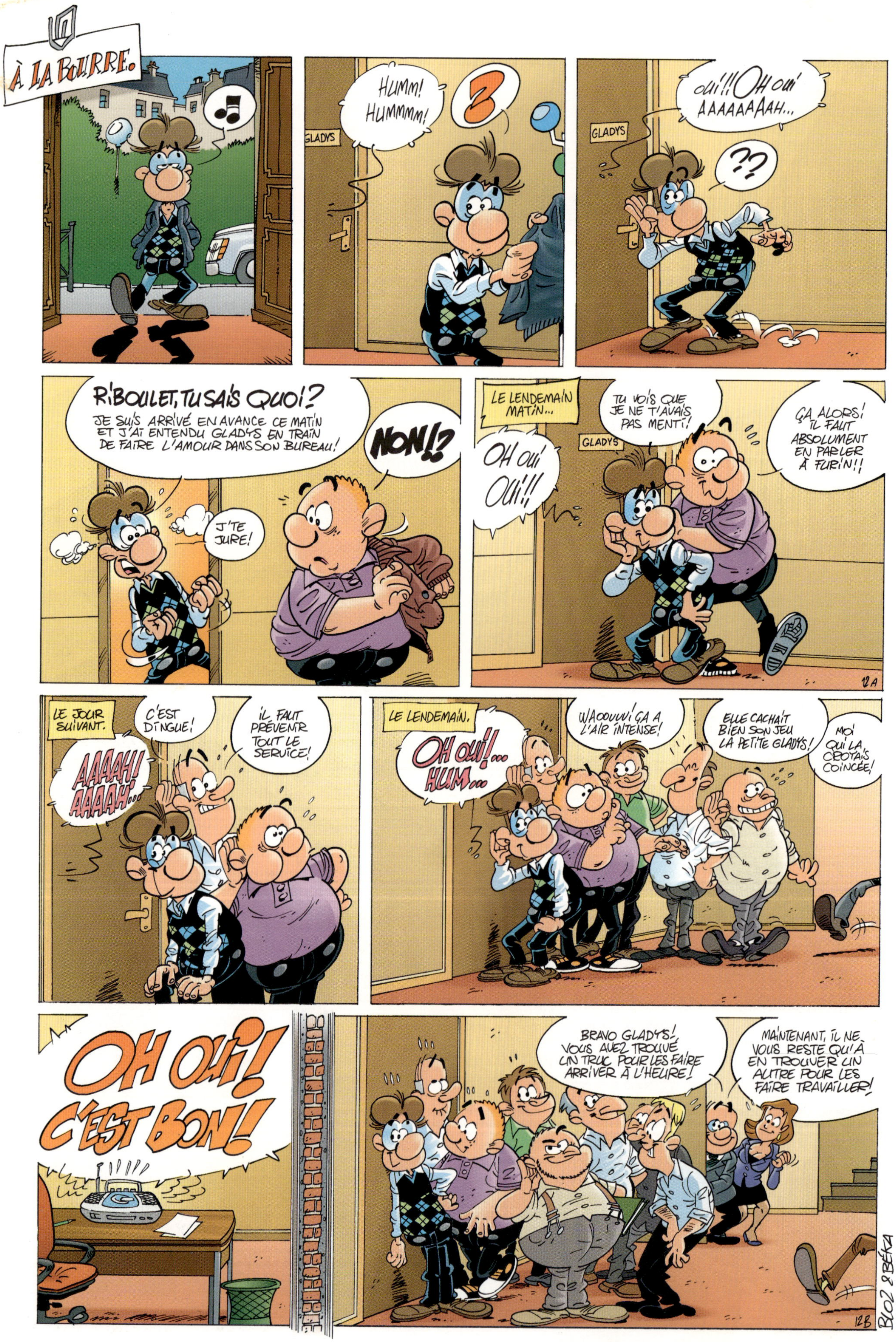
À LA BOURRE.
HUMM! HUMMMM!
GLADYS
OUI!! OH OUI AAAAAAAAH...
GLADYS
??
RIBOULET, TU SAIS QUOI? JE SUIS ARRIVÉ EN AVANCE CE MATIN ET J'AI ENTENDU GLADYS EN TRAIN DE FAIRE L'AMOUR DANS SON BUREAU!
NON!?
J'TE JURE!
LE LENDEMAIN MATIN...
OH OUI OUI!!
GLADYS
TU VOIS QUE JE NE T'AVAIS PAS MENTI!
ÇA ALORS! IL FAUT ABSOLUMENT EN PARLER À FURIN!!
12 A
LE JOUR SUIVANT.
AAAAH! AAAAH...
C'EST DINGUE!
IL FAUT PRÉVENIR TOUT LE SERVICE!
LE LENDEMAIN.
OH OUI!... HUM...
WAOUUU! ÇA A L'AIR INTENSE!
ELLE CACHAIT BIEN SON JEU LA PETITE GLADYS!
MOI QUI LA CROYAIS COINCÉE!
OH OUI! C'EST BON!
BRAVO GLADYS! VOUS AVEZ TROUVÉ UN TRUC POUR LES FAIRE ARRIVER À L'HEURE!
MAINTENANT, IL NE VOUS RESTE QU'À EN TROUVER UN AUTRE POUR LES FAIRE TRAVAILLER!
12 B
BLOZ & BÉKA

DES CAS!
REGARDEZ! COMMENT VOULEZ-VOUS QU'ILS SOIENT PRODUCTIFS S'ILS FONT TROIS PAUSES-CAFÉ LE MATIN ET TROIS AUTRES L'APRÈS-MIDI?
JE SAIS BIEN! MAIS QUE VOULEZ-VOUS QU'ON FASSE CONTRE ÇA?
SUPPRIMONS LA PAUSE-CAFÉ!
VOUS N'Y PENSEZ PAS!! ILS N'ACCEPTERONT JAMAIS, LES SYNDICATS VONT S'Y METTRE ET C'EST LA GRÈVE ASSURÉE!
ALORS JE NE VOIS QU'UNE SOLUTION!
QUELQUES HEURES + TARD...
CLIC!
!?
Y'A RIEN QUI SORT!
?
BON, BEN Y'AURA PAS DE PAUSE-CAFÉ CET APRÈS-MIDI.
PAS GRAVE... TROP DE CAFÉ, ÇA RISQUE DE NOUS ÉNERVER.
C'EST FORMIDABLE! ILS SONT TOUS REPARTIS TRAVAILLER! COMMENT AVEZ-VOUS RÉUSSI CE TOUR DE FORCE?
GLADYS
GLADYS
!
¡GNNNNNN!
J'AI BU TOUT LE CAFÉ!
J'LES FERAI TRAVAILLER MOI!
VOUS LE DIS! ¡GNNNN!
BLOZ & BÉKA.

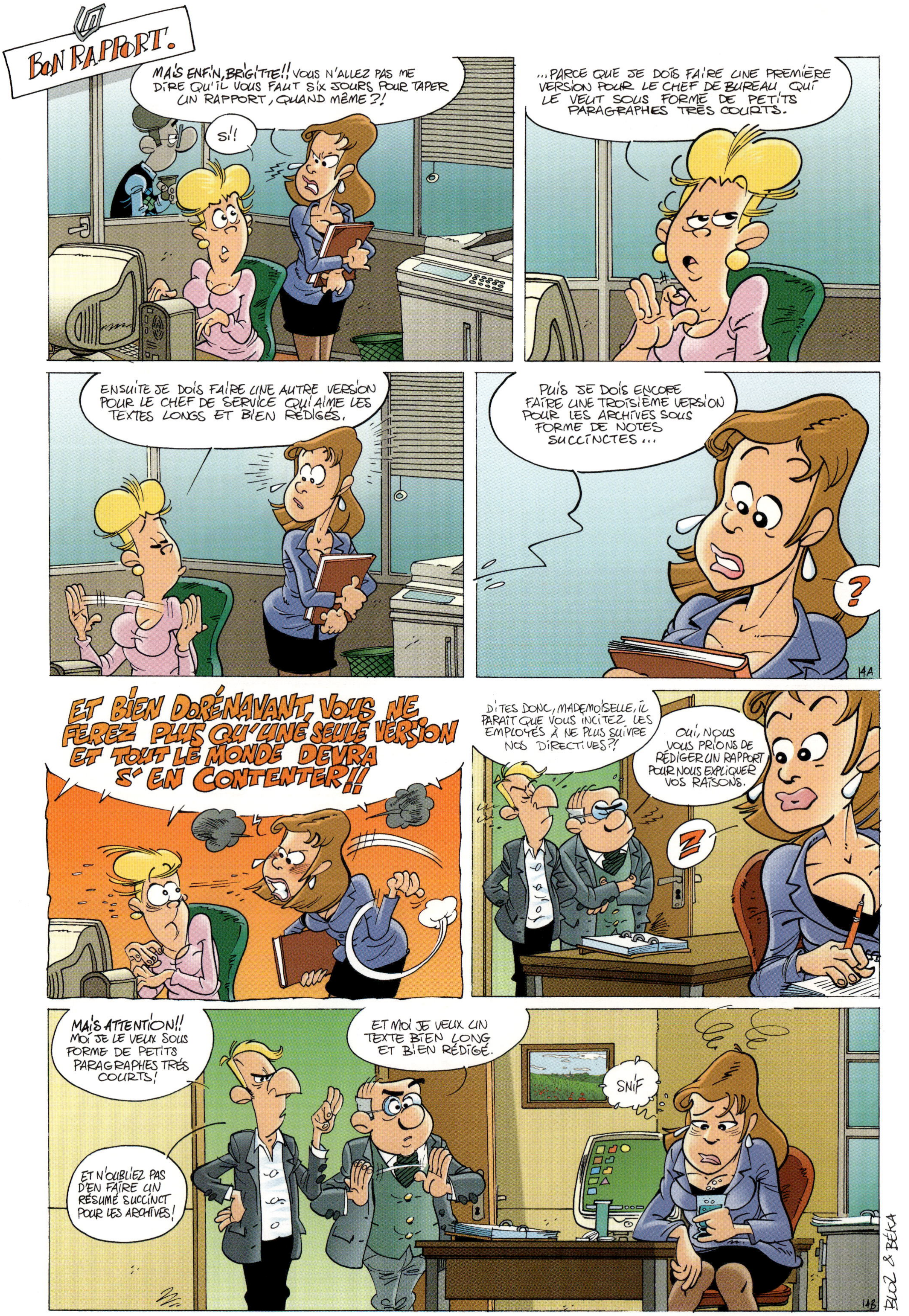
BON RAPPORT.
MAIS ENFIN, BRIGITTE!! VOUS N'ALLEZ PAS ME DIRE QU'IL VOUS FAUT SIX JOURS POUR TAPER UN RAPPORT, QUAND MÊME ?!
SI!
...PARCE QUE JE DOIS FAIRE UNE PREMIÈRE VERSION POUR LE CHEF DE BUREAU QUI LE VEUT SOUS FORME DE PETITS PARAGRAPHES TRÈS COURTS.
ENSUITE JE DOIS FAIRE UNE AUTRE VERSION POUR LE CHEF DE SERVICE QUI AIME LES TEXTES LONGS ET BIEN RÉDIGÉS.
PUIS JE DOIS ENCORE FAIRE UNE TROISIÈME VERSION POUR LES ARCHIVES SOUS FORME DE NOTES SUCCINCTES...
?
ET BIEN DORÉNAVANT, VOUS NE FEREZ PLUS QU'UNE SEULE VERSION ET TOUT LE MONDE DEVRA S'EN CONTENTER!!
DITES DONC, MADEMOISELLE, IL PARAIT QUE VOUS INCITEZ LES EMPLOYÉS À NE PLUS SUIVRE NOS DIRECTIVES?!
OUI, NOUS VOUS PRIONS DE RÉDIGER UN RAPPORT POUR NOUS EXPLIQUER VOS RAISONS.
MAIS ATTENTION!! MOI JE LE VEUX SOUS FORME DE PETITS PARAGRAPHES TRÈS COURTS!
ET MOI JE VEUX UN TEXTE BIEN LONG ET BIEN RÉDIGÉ.
ET N'OUBLIEZ PAS D'EN FAIRE UN RÉSUMÉ SUCCINCT POUR LES ARCHIVES!
SNIF
BLOZ & BÉKA

MATCH NUL!
RIBOULET! C'EST UNE CATASTROPHE!!
CORPO MAG
?
REGARDE LE NOUVEAU RÈGLEMENT DU TOURNOI DE TENNIS CORPO! IL DOIT OBLIGATOIREMENT Y AVOIR UNE FILLE DANS CHAQUE ÉQUIPE!!
QUOI!?
MAIS QU'EST-CE QU'ON VA FAIRE ?! AUCUNE FILLE DU SERVICE NE JOUE AU TENNIS!
J'AI PEUT-ÊTRE LA SOLUTION À VOS PROBLÈMES, LES GARS! LE WEEK-END DERNIER J'AI VU JOUER GLADYS ET ELLE SE DÉBROUILLE DRÔLEMENT BIEN!
?
?
ELLE A MÊME GAGNÉ LE TOURNOI DÉPARTEMENTAL DES MOINS DE TRENTE ET UN ANS.
ÇA ALORS! MOI QUI CROYAIS QU'ELLE NE PENSAIT QU'À BOSSER!
VIENS JUSTE! ON VA LUI PARLER!
TU CROIS QU'ELLE ACCEPTERA?
ON N'A PAS LE CHOIX... IL FAUT ABSOLUMENT LA CONVAINCRE!
HUM...
J'ACCEPTE, MAIS À UNE CONDITION!
TOUT CE QUE TU VOUDRAS!
LOCAL POUBELLES
ELLE A INTÉRÊT À NE PAS PERDRE UN SEUL MATCH!!!
CAFÉ
BLOZ & BÉKA

SNIF
ELLE NOUS A QUITTÉS ALORS QU'ELLE ÉTAIT ENCORE JEUNE !
NOUS AVIONS TOUS APPRIS À L'APPRÉCIER AU POINT QU'ELLE FAISAIT PARTIE INTÉGRANTE DE NOTRE FAMILLE.
SNIF
POUÊTT !
MAINTENANT, DANS LES BUREAUX, RIEN NE SERA PLUS COMME AVANT.
JAMAIS NOUS NE L'OUBLIERONS !
SORTIE
ILS FONT ÇA TOUS LES MATINS ET C'EST ENCORE PLUS LONG QUE LA PAUSE-CAFÉ !
À NOTRE MACHINE À CAFÉ
REGRETS ÉTERNELS
BLOZ & BÉKA

OUPS!
CLAC CLAC CLAC CLAC CLAC CLOC!
CLAC CLAC CLAC CLAC CLAC CLOC!
POUR LE MOMENT, RIEN À REDIRE!
CLAC CLAC CLAC CLAC CLAC CLOC!
JE VOIS QUE MON TRAVAIL A PORTÉ SES FRUITS! ILS SONT TOUS AU BOULOT!
HEU... RIBOULET, LE BUREAU SUIVANT, C'EST CELUI DE GLADYS, NON?
OUI POURQUOI?
PARCE QUE JE CROIS QUE J'AI FAIT UNE PETITE ERREUR!
?
ATTENTION GLADYS ENTAME UNE TOURNÉE D'INSPECTION ENVOYEZ VITE CE MESSAGE AU BUREAU SUIVANT.
BLOZ & BÉKA

REMISE EN FORME.
J'AI CONVAINCU LA DIRECTION DE VOUS ENVOYER EN STAGE INTENSIF DE MOTIVATION.
ON M'A PARLÉ D'UNE NOUVELLE MÉTHODE QUI DONNE DES RÉSULTATS ÉTONNANTS.
AAAAH! UNE SEMAINE DE STAGE EN PLEIN AIR! JE NE CONNAIS RIEN DE TEL POUR SE REPOSER!
J'ESPÈRE QU'IL Y AURA DES FILLES!
ZZZ
VOUS ÊTES EN RETARD! POSEZ VOS AFFAIRES ET SUIVEZ-MOI!
?!
QUI EST VOTRE PIRE ENNEMI?
LA... POUF!... POUF!... LA CONCURRENCE!
39A
QUI DEVEZ-VOUS ÉLIMINER?
LA CLAC! CLAC! LA CONCURRENCE!
QUI RÊVEZ-VOUS D'ANÉANTIR?
...LA... LA CONCURRENCE!
CLIC!
1 SEMAINE + TARD!
JE N'AI PAS L'IMPRESSION QUE CE STAGE AIT BEAUCOUP AMÉLIORÉ LEUR CAPACITÉ DE TRAVAIL!
ATCHAA!
39B

EN RÉCUP'
CHERS COLLABORATEURS, C'EST AVEC BEAUCOUP D'ÉMOTION QUE JE TIENS À FÉLICITER NOTRE AMIE GLADYS, QUI NOUS QUITTE AUJOURD'HUI!
ELLE A PARFAITEMENT REMPLI SA MISSION QUI CONSISTAIT À RENDRE NOTRE ÉQUIPE PLUS PERFORMANTE.
LA PREUVE, C'EST QUE NOTRE SERVICE A RATTRAPÉ TOUT LE TRAVAIL EN RETARD QU'IL AVAIT ACCUMULÉ!
BIEN!
TRÈS FORT!
J'AI D'AILLEURS TRANSMIS MES FÉLICITATIONS À SES SUPÉRIEURS, CE QUI LUI A VALU UNE PROMOTION AU SEIN DE SA BOITE DE CONSEIL!
CLAP' CLAP' CLAP' CLAP' CLAP'
BRAVO!
MAIS!? OÙ EST-ELLE?
?
ELLE DORT!
RONFL! RONFL!
FAUT LA COMPRENDRE! ELLE A PASSÉ TOUTES SES NUITS À TRAITER LES DOSSIERS EN RETARD DU SERVICE!
UN VÉRITABLE EXPLOIT! ELLE L'AURA PAS VOLÉE, SA PROMO!
BLOZ & BÉKA

ÇA DÉFILE!
TOUT VA BIEN... ILS BOSSENT!
JE VOIS QUE LE TRAVAIL DE GLADYS A PORTÉ SES FRUITS!
BIEN! ON VA COMPARER LES MOTIFS DE GRÈVE QU'ON A TROUVÉS!
MOI, J'EN AI PLEIN!
MOI AUSSI!
BLOZ & BÉKA

SOLIDTAIRE.
EST-CE QUE TOUT LE MONDE EST D'ACCORD POUR MONTER MANIFESTER À PARIS EN FIN DE SEMAINE ?
OUAIIIS !
BISCUITS
BIEN... QUI VEUT S'OCCUPER DE RÉSERVER LES PLACES DE TRAIN ?
EUH... ET QUI VEUT S'OCCUPER DE RÉDIGER LES TRACTS ?
NON
...
QUI... QUI VEUT ÉTABLIR LA LISTE DES PARTICIPANTS ?
...
HUM...
HEU... BON... MAIS...
EST-CE QUE TOUT LE MONDE EST D'ACCORD POUR MONTER MANIFESTER À PARIS EN FIN DE SEMAINE ?
OUAIIIS !
BISCUITS
BLOZ & BÉKA

VA ET VIENT.
OUI, AFIN DE RAPPROCHER LES USAGERS ET L'ADMINISTRATION, J'AI EU L'IDÉE D'ORGANISER UNE JOURNÉE PORTES OUVERTES DANS NOS BUREAUX!
JOURNÉE PORTES OUVERTES
CELA PERMETTRA AU PUBLIC DE MIEUX SE RENDRE COMPTE DU TRAVAIL QUE FONT NOS FONCTIONNAIRES...
...ET DONC, DE REDORER NOTRE IMAGE!
MOUAIS... C'EST PAS UNE MAUVAISE IDÉE.
ET PUIS SURTOUT, JE SUIS SÛR QUE ÇA VA INCITER NOS EMPLOYÉS À EN METTRE UN COUP... HÉ HÉ!
MAIS!? MAIS! OÙ SONT-ILS DONC PASSÉS?
JOURNÉE PORTES OUVERTES, ÇA VEUT BIEN DIRE QU'ON ENTRE ET QU'ON SORT QUAND ON VEUT, NON?!!
BLOZ & BÉKA

PORTES OUVERTES II
VOTRE ATTITUDE LORS DE LA DERNIÈRE JOURNÉE PORTES OUVERTES A ÉTÉ LAMENTABLE!
AUSSI, POUR VOUS PERMETTRE DE VOUS RACHETER, NOUS AVONS ORGANISÉ UNE NOUVELLE JOURNÉE PORTES OUVERTES!
MAIS CETTE FOIS, JE GARDERAI PERSONNELLEMENT LA PORTE D'ENTRÉE!
GARE À CEUX QUI ESSAYERAIENT DE QUITTER LE BUREAU AVANT L'HEURE!
!!!
14 HEURES.
PORTES OUVERTE
17 HEURES.
C'EST EXTRAORDINAIRE! ILS ONT TENU LE COUP!
18 HEURES.
JE LES AVAIS MAL JUGÉS! ILS FONT MÊME DES HEURES SUP' POUR SE FAIRE PARDONNER!
19 HEURES.
C'EST PAS POSSIBLE! IL A DÛ LEUR ARRIVER QUELQUE CHOSE!
!?
JE NE VOUS LAISSERAI PAS PARTIR TANT QUE VOUS N'AUREZ PAS TRAITÉ MON DOSSIER! ÇA FAIT DEUX ANS QUE J'ATTENDS!
MOI PAREIL!
MOI AUSSI!
AU SECOURS!
BLOZ & BÉKA

HA... PARIS...
LE CONSULAT
RESTAURANT
BOULA
MOULIN ROUGE
SHOW SEXY
PEEP SHOW
SEXY PIGALLE
LA FÊTE DU SLIP
FORMIDA
Chez Caroline
ET SI ON ALLAIT BOIRE UN VERRE, RIBOULET?
BONNE IDÉE!
AUJOURD'HUI, LA GRANDE MANIFESTATION DES FONCTIONNAIRES A RASSEMBLÉ PLUS DE VINGT MILLE PERSONNES DANS LES RUES DE LA CAPITALE...
!!
QUOI! MAIS ON ÉTAIT AU MOINS CINQUANTE MILLE!!
C'EST CHAQUE FOIS LA MÊME CHOSE! ILS OUBLIENT TOUJOURS DE COMPTER CEUX QUI NE SONT PAS DANS LE CORTÈGE!
BUZ & BÉKA

FAIRE-PART.
ACCUEIL
C'EST UNE HONTE! UN SCANDALE! J'AI REÇU UN COURRIER DE VOS SERVICES OÙ IL EST ÉCRIT QUE JE VIENS DE DÉCÉDER!
EUH... TOUTES NOS EXCUSES, MONSIEUR! IL S'AGIT FORCÉMENT D'UNE ERREUR.
ATTENDEZ, JE VAIS VÉRIFIER SUR NOS REGISTRES.
AH BEN OUI! IL Y A BIEN EU UNE INVERSION.
LE COURRIER QUI VOUS ÉTAIT DESTINÉ EST EN FAIT UNE DEMANDE DE REMBOURSEMENT DE CINQ CENTS EUROS QUE VOUS AURIEZ PERÇUS EN TROP.
EUH... JE VENAIS SEULEMENT VOUS DIRE QUE MES OBSÈQUES AURAIENT LIEU JEUDI PROCHAIN...
BLOZ & BÉKA

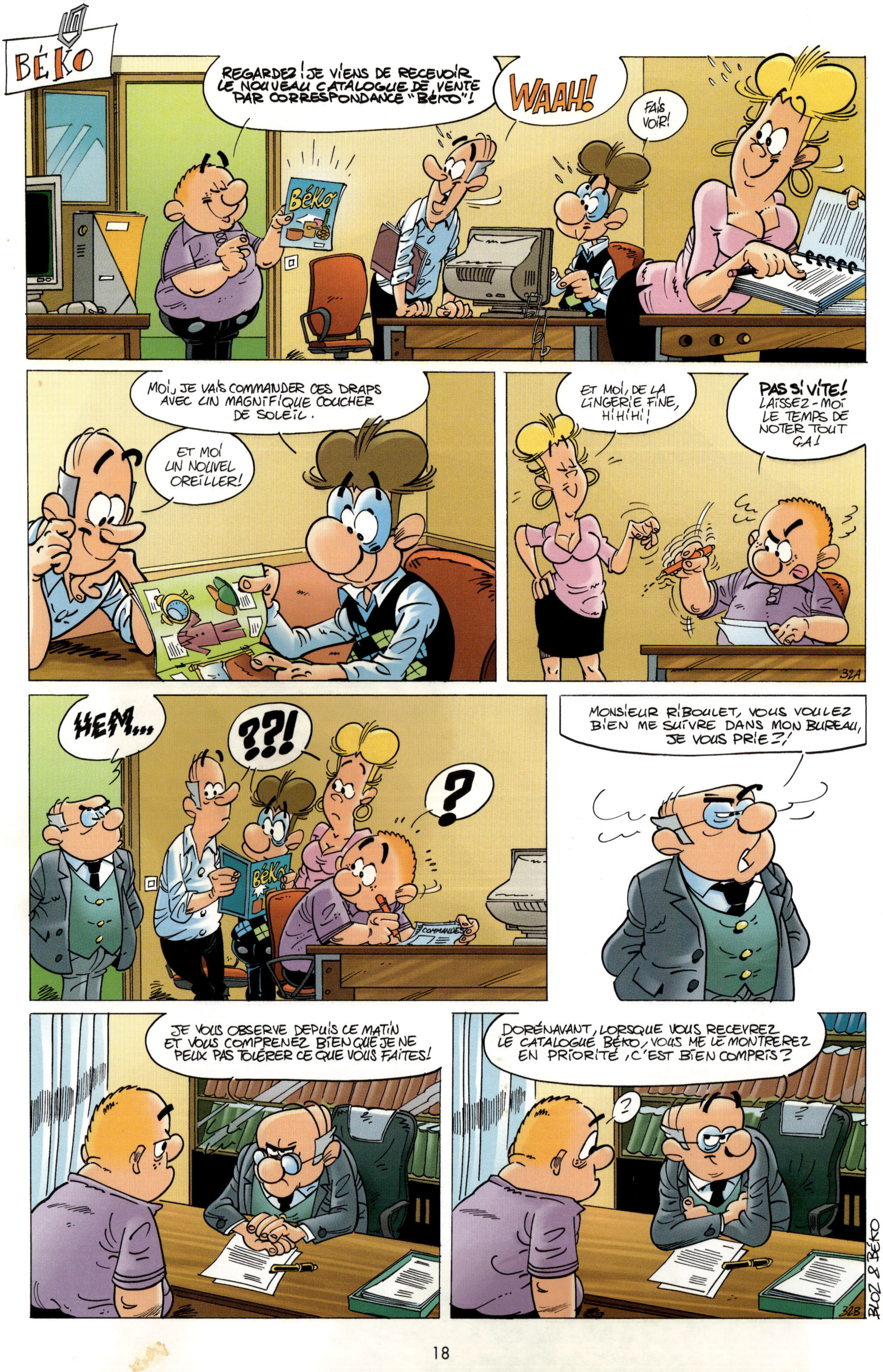
BÉKO
REGARDEZ ! JE VIENS DE RECEVOIR LE NOUVEAU CATALOGUE DE VENTE PAR CORRESPONDANCE "BÉKO" !
WAAH!
FAIS VOIR!
Béko
MOI, JE VAIS COMMANDER CES DRAPS AVEC UN MAGNIFIQUE COUCHER DE SOLEIL.
ET MOI UN NOUVEL OREILLER!
ET MOI, DE LA LINGERIE FINE, HIHIHI!
PAS SI VITE! LAISSEZ-MOI LE TEMPS DE NOTER TOUT ÇA!
32A
HEM...
??!
?
Béko
COMMANDE
MONSIEUR RIBOULET, VOUS VOULEZ BIEN ME SUIVRE DANS MON BUREAU, JE VOUS PRIE ?!
JE VOUS OBSERVE DEPUIS CE MATIN ET VOUS COMPRENEZ BIEN QUE JE NE PEUX PAS TOLÉRER CE QUE VOUS FAITES!
DORÉNAVANT, LORSQUE VOUS RECEVREZ LE CATALOGUE BÉKO, VOUS ME LE MONTREREZ EN PRIORITÉ, C'EST BIEN COMPRIS ?
?
32B
BLOZ & BÉKO

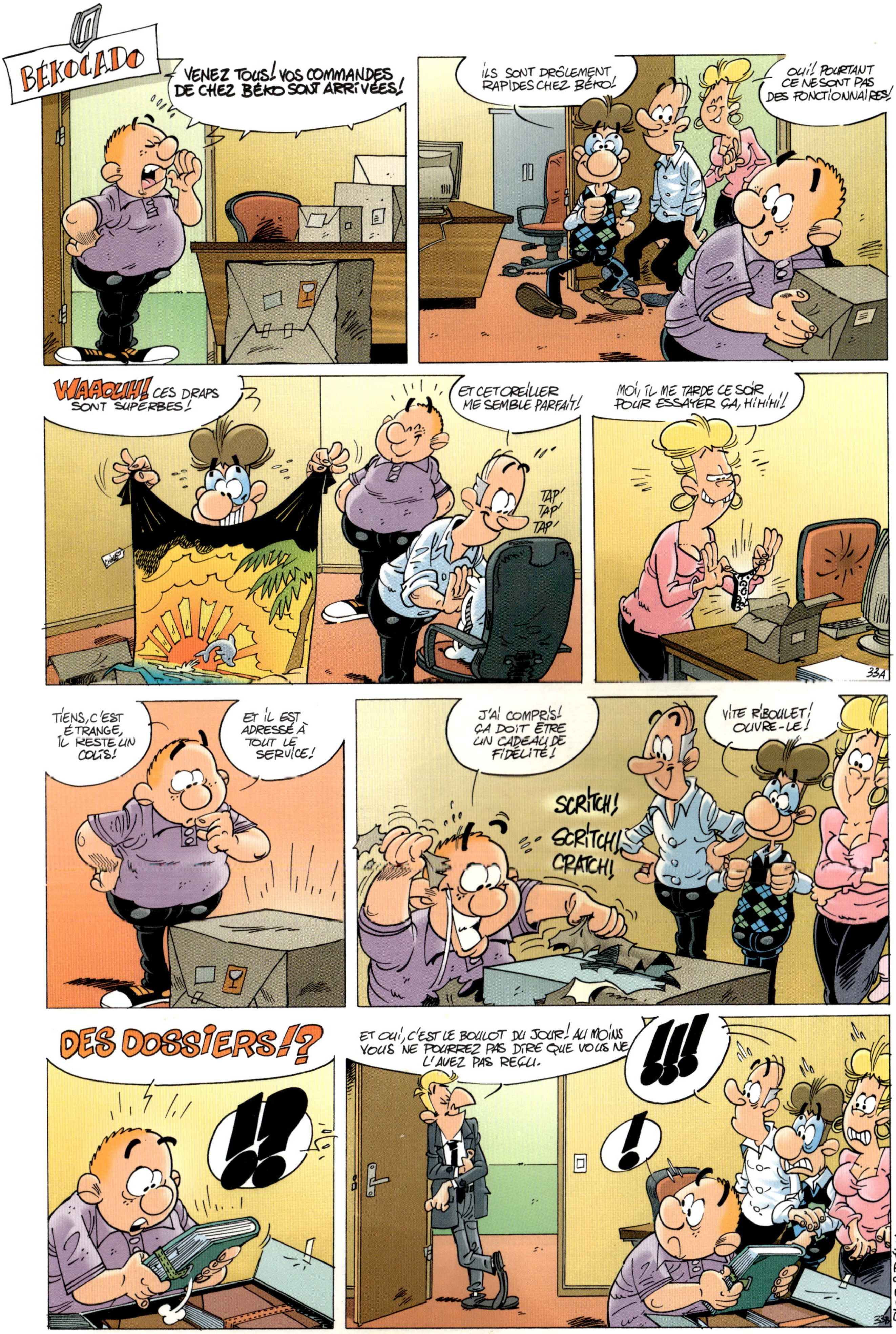
BÉKOCADO
VENEZ TOUS! VOS COMMANDES DE CHEZ BÉKO SONT ARRIVÉES!
ILS SONT DRÔLEMENT RAPIDES CHEZ BÉKO!
OUI! POURTANT CE NE SONT PAS DES FONCTIONNAIRES!
WAAOUH! CES DRAPS SONT SUPERBES!
ET CET OREILLER ME SEMBLE PARFAIT!
TAP' TAP' TAP'
MOI, IL ME TARDE CE SOIR POUR ESSAYER ÇA, HIHIHI!
33A
TIENS, C'EST ÉTRANGE, IL RESTE UN COLIS!
ET IL EST ADRESSÉ À TOUT LE SERVICE!
J'AI COMPRIS! ÇA DOIT ÊTRE UN CADEAU DE FIDÉLITÉ!
VITE RIBOULET! OUVRE-LE!
SCRITCH! SCRITCH! CRATCH!
DES DOSSIERS!?
ET OUI, C'EST LE BOULOT DU JOUR! AU MOINS VOUS NE POURREZ PAS DIRE QUE VOUS NE L'AVEZ PAS REÇU.
BLOZ & BÉKA
33B

AU PLACARD.
AAAAH! JE VOIS QU'UNE BONNE JOURNÉE DE BOULOT M'ATTEND!
ET HOP! C'EST PARTI!
!!
C'EST BIZARRE... CE DOSSIER EST DÉJÀ TRAITÉ! POURTANT JE NE ME SOUVIENS PAS AVOIR TRAVAILLÉ DESSUS!
OH! CELUI-LÀ AUSSI!!
ISA
ET C'EST PAREIL POUR CELUI-LÀ!!
MAIS... MAIS... TOUS LES DOSSIERS DE LA PILE SONT DÉJÀ TRAITÉS... C'EST INCOMPRÉHENSIBLE!
LE TRAVAIL NE S'EST QUAND MÊME PAS FAIT TOUT SEUL PENDANT LA NUIT.
À MOINS QUE...
MAMAN! TU N'AS PLUS LE DROIT D'ÊTRE ICI ET ENCORE MOINS D'Y TRAVAILLER!
COMBIEN DE FOIS FAUDRA-T-IL TE DIRE QUE TU ES À LA RETRAITE?
BLOZ & BÉKA

SURMÉNAGE.
DOCTEUR A. NALIZ PSYCHANALYSTE
VOUS COMPRENEZ DOCTEUR, DEPUIS QUE MA MÈRE EST À LA RETRAITE, ELLE DÉPRIME!
YOUNG JEUNE
ELLE A BEAUCOUP DE MAL À OUBLIER SES PETITES MANIES DE FONCTIONNAIRE...
VOUS POUVEZ FAIRE QUELQUE CHOSE POUR ELLE?
NOUS ALLONS VOIR!
SI VOUS VOULEZ BIEN ME LAISSER SEUL AVEC ELLE.
BIEN ENTENDU.
ZEN
1 HEURE + TARD...
MONSIEUR BIGOULINO!
OUI.
EUH... JE CROIS QU'IL VA FALLOIR QUE JE VOIS VOTRE MÈRE DEUX FOIS PAR SEMAINE!
OH! C'EST SI GRAVE QUE ÇA?
PAS DU TOUT! MAIS ELLE A RANGÉ MON BUREAU ET MES DOSSIERS DE FAÇON TELLEMENT IMPECCABLE QUE J'AIMERAIS QU'ELLE REVIENNE PLUS SOUVENT.
YOUNG JEUNE
BLOZ & BEKA

GO HOME!
BONJOUR MONSIEUR BIGOULINO! J'AURAIS BESOIN D'UNE PETITE SIGNATURE SUR MA DEMANDE DE JOURS DE CONGÉS!
MONSIEUR BIGOULINO, IL FAUDRAIT QUE VOUS ME SIGNIEZ CE COMPTE RENDU AVANT QUE JE NE LE TRANSMETTE À LA DIRECTION.
J'AI BESOIN D'UNE SIGNATURE SUR MA FEUILLE DE REMBOURSEMENT DE FRAIS DE RESTAURANT!
JE PRENDS UN VÉHICULE DE SERVICE AUJOURD'HUI, VOUS VOULEZ BIEN ME SIGNER LE BON DE SORTIE?
UNE... UNE PETITE SIGNATURE S'IL VOUS PLAIT!
MAIS!? C'EST UNE DEMANDE DE RÉINTÉGRATION DANS L'ADMINISTRATION, ÇA!
MAMAN! VEUX-TU BIEN RETOURNER À LA MAISON ET PROFITER UN PEU DE TA RETRAITE!
BLOZ & BÉKA

KATIA.
RIBOULET?
?
TU NE ME RECONNAIS PAS?
KATIA! ON ÉTAIT AU LYCÉE ENSEMBLE.
KA... KATIA...
TU PARLES SI JE ME SOUVIENS DE TOI! QU'EST-CE QUE TU DEVIENS?
JE SUIS MANNEQUIN À L'AGENCE BAMBOO, ET TOI?
EUH... JE SUIS FONCTIONNAIRE, À L'AGENCE DU COIN DE LA RUE.
C'EST DINGUE! IL FAUT ABSOLUMENT QU'ON SE REVOIE POUR PARLER DE TOUT ÇA!
LAISSE-MOI TON NUMÉRO AU BOULOT ET JE T'APPELLE! ON SE FERA UN RESTO!
CIAO, CIAO! BELLO!
BILIP BILIP
KATIA! DÉSOLÉ DE TE PRÉVENIR AU DERNIER MOMENT, MAIS TU ES ATTENDUE DE TOUTE URGENCE POUR UN ... ORK!
OK! JE PRENDS MES AFFAIRES ET JE FILE À L'AÉROPORT.
!
?

AAAAAAH!
BLOM
EUH... TU VIENS PRENDRE ON CAFÉ, RIBOULET?
NON, J'ATTENDS UN COUP DE FIL IMPORTANT!
C'EST L'HEURE! TU PARS AVEC NOUS, RIBOULET?
NON! J'ATTENDS UN COUP DE FIL IMPORTANT!
MONSIEUR RIBOULET, NOUS DEVONS FERMER LES BUREAUX... IL FAUT PARTIR!
PAS QUESTION! J'ATTENDS UN COUP DE FIL IMPORTANT!!
ZUT! JE N'AI PAS EU LE TEMPS D'APPELER RIBOULET!
IL FAUDRA QUE JE PENSE À LE FAIRE À MON RETOUR ...DANS DEUX MOIS.
NEW YORK
LAISSEZ-MOI! JE VEUX RESTER!
J'AI DÛ APPELER LA POLICE! IL REFUSAIT DE QUITTER SON BUREAU!
RESTER TRAVAILLER SI TARD... JE N'AURAIS JAMAIS CRU ÇA DE LUI!
BLOZ & BÉKA

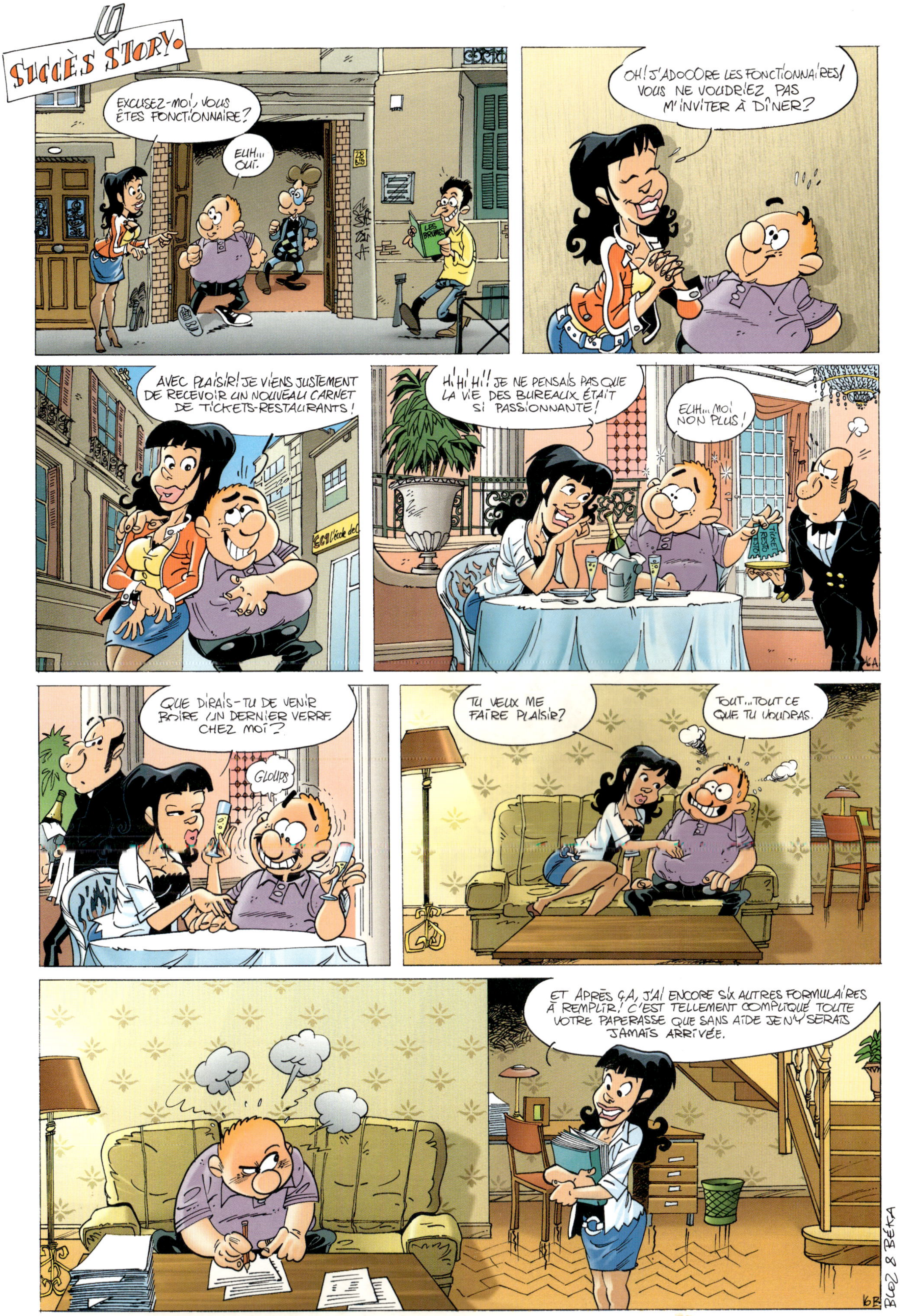
SUCCÈS STORY.
EXCUSEZ-MOI, VOUS ÊTES FONCTIONNAIRE ?
EUH... OUI.
LES BRUMES
OH ! J'ADOOORE LES FONCTIONNAIRES ! VOUS NE VOUDRIEZ PAS M'INVITER À DÎNER ?
AVEC PLAISIR ! JE VIENS JUSTEMENT DE RECEVOIR UN NOUVEAU CARNET DE TICKETS-RESTAURANTS !
HI HI HI ! JE NE PENSAIS PAS QUE LA VIE DES BUREAUX ÉTAIT SI PASSIONNANTE !
EUH... MOI NON PLUS !
QUE DIRAIS-TU DE VENIR BOIRE UN DERNIER VERRE CHEZ MOI ?
GLOUPS
TU VEUX ME FAIRE PLAISIR ?
TOUT... TOUT CE QUE TU VOUDRAS.
ET APRÈS ÇA, J'AI ENCORE SIX AUTRES FORMULAIRES À REMPLIR ! C'EST TELLEMENT COMPLIQUÉ TOUTE VOTRE PAPERASSE QUE SANS AIDE JE N'Y SERAIS JAMAIS ARRIVÉE.
BLOZ & BÉKA

BONUS.
AAAAAH! J'AI TOUJOURS RÊVÉ D'ALLER EN VACANCES AU MAROC!
MOI AUSSI, MAIS ÇA NE SERA PAS POUR CETTE ANNÉE! JE N'AI PLUS UN SEUL JOUR DE CONGÉ!
VACANCES
HUM... ÇA PEUT PEUT-ÊTRE S'ARRANGER!
?
1000 ANNONCES VACANCES 2004
SI TU FAIS QUELQUES HEURES SUPPLÉMENTAIRES CHAQUE SOIR, AU BOUT D'UN MOIS TU AURAS ASSEZ DE R.T.T. POUR PRENDRE UNE SEMAINE DE VACANCES!
MAIS OUI! TU AS RAISON! JE VAIS FAIRE COMME ÇA!
MAROC
PREMIER SOIR.
JE VAIS COMMENCER PAR DIX MINUTES! IL FAUT Y ALLER DOUCEMENT AU DÉBUT!
DEUXIÈME SOIR...
UN QUART D'HEURE! C'EST DÉJÀ ÇA!
TROISIÈME SOIR...
AUJOURD'HUI JE SORS À L'HEURE! IL NE FAUT PAS ABUSER!
UN MOIS + TARD!
BEN QUOI, UN APRÈS-MIDI EN NORMANDIE, C'EST DÉJÀ PAS SI MAL!
DÉPÊCHE-TOI DE FINIR TON VERRE, NOTRE TRAIN REPART DANS DIX MINUTES!
ÉPICERIE
FERMÉ
SM 35014
BLOZ & BÉKA

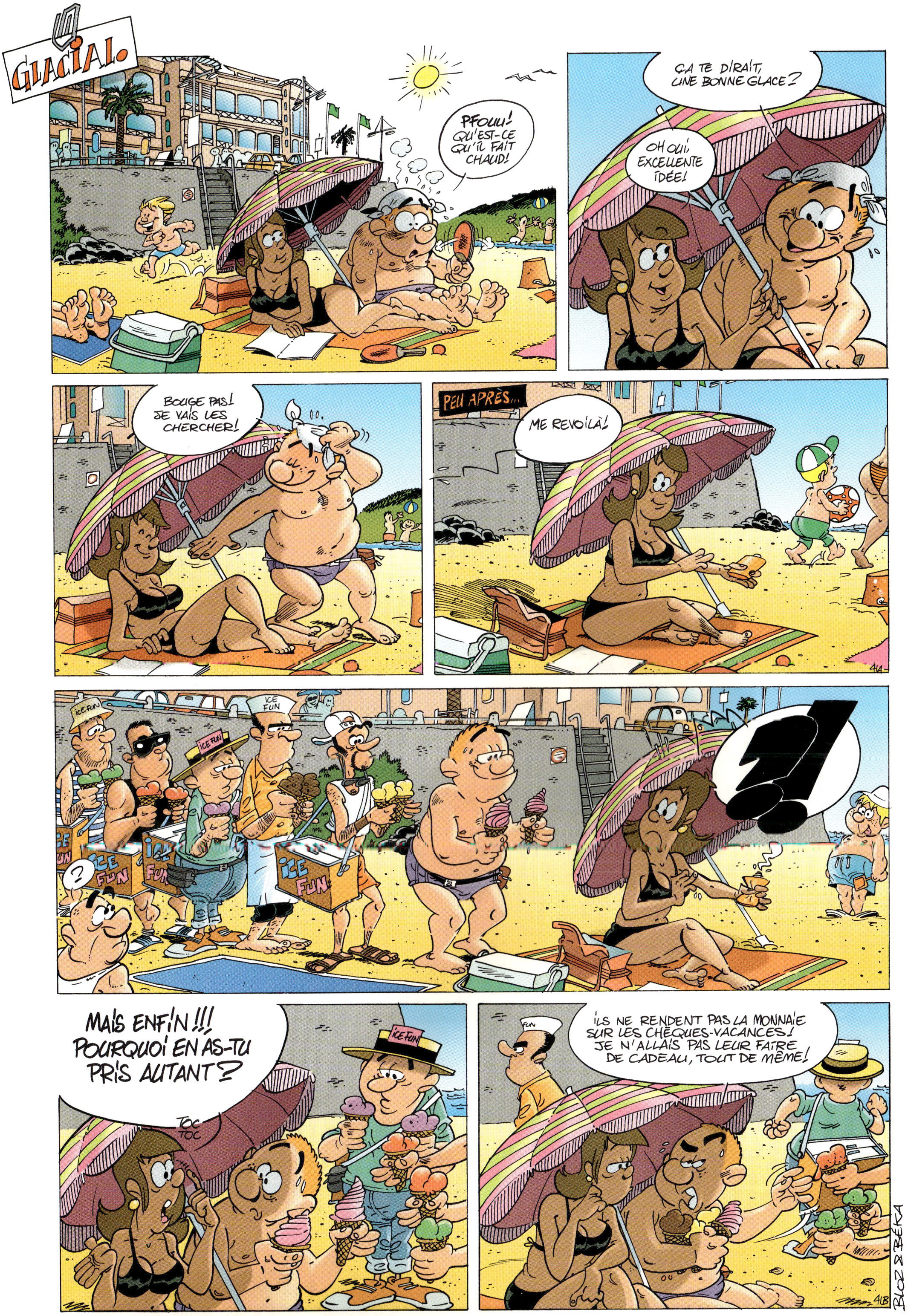
GLACIAL.
PFOUU! QU'EST-CE QU'IL FAIT CHAUD!
ÇA TE DIRAIT, UNE BONNE GLACE?
OH OUI, EXCELLENTE IDÉE!
BOUGE PAS! JE VAIS LES CHERCHER!
PEU APRÈS...
ME REVOILÀ!
ICE FUN
MAIS ENFIN!!! POURQUOI EN AS-TU PRIS AUTANT?
TOC TOC
ILS NE RENDENT PAS LA MONNAIE SUR LES CHÈQUES-VACANCES! JE N'ALLAIS PAS LEUR FAIRE DE CADEAU, TOUT DE MÊME!
BLOZ & BÉKA

VLAM!
ÇA NE VA PAS, MA CHÉRIE ?
NON, ÇA NE VA PAS!
JE VIENS DE RECEVOIR MA NOTE ADMINISTRATIVE ET IL ME MANQUE UN QUART DE POINT POUR CHANGER D'ÉCHELON!
ET EN PLUS, TU AS VU L'APPRÉCIATION QUE J'AI ?!
?
IL NE FAUT PAS TE LAISSER FAIRE MA CHÉRIE! APPELLE TON SYNDICAT POUR VOIR S'IL NE PEUT PAS T'AIDER!
25A
TU AVAIS RAISON, MON CHÉRI, LE SYNDICAT PREND L'AFFAIRE EN MAIN ET TOUT VA S'ARRANGER!
AH, TU VOIS!
CE SERAIT VRAIMENT DOMMAGE DE SE GÂCHER LA VIE POUR DES APPRÉCIATIONS, DES NOTES ET TOUT CE GENRE DE FUTILITÉ!
JE SUIS BIEN D'ACCORD AVEC VOUS!
!!
BULLETIN SCOLAIRE
ALLÔ! LES RENSEIGNEMENTS ?! JE VOUDRAIS LE NUMÉRO D'UN BON "SINDICA" S'IL VOUS PLAÎT !!
SNIF
?
25B
BLOZ & BÉKA.

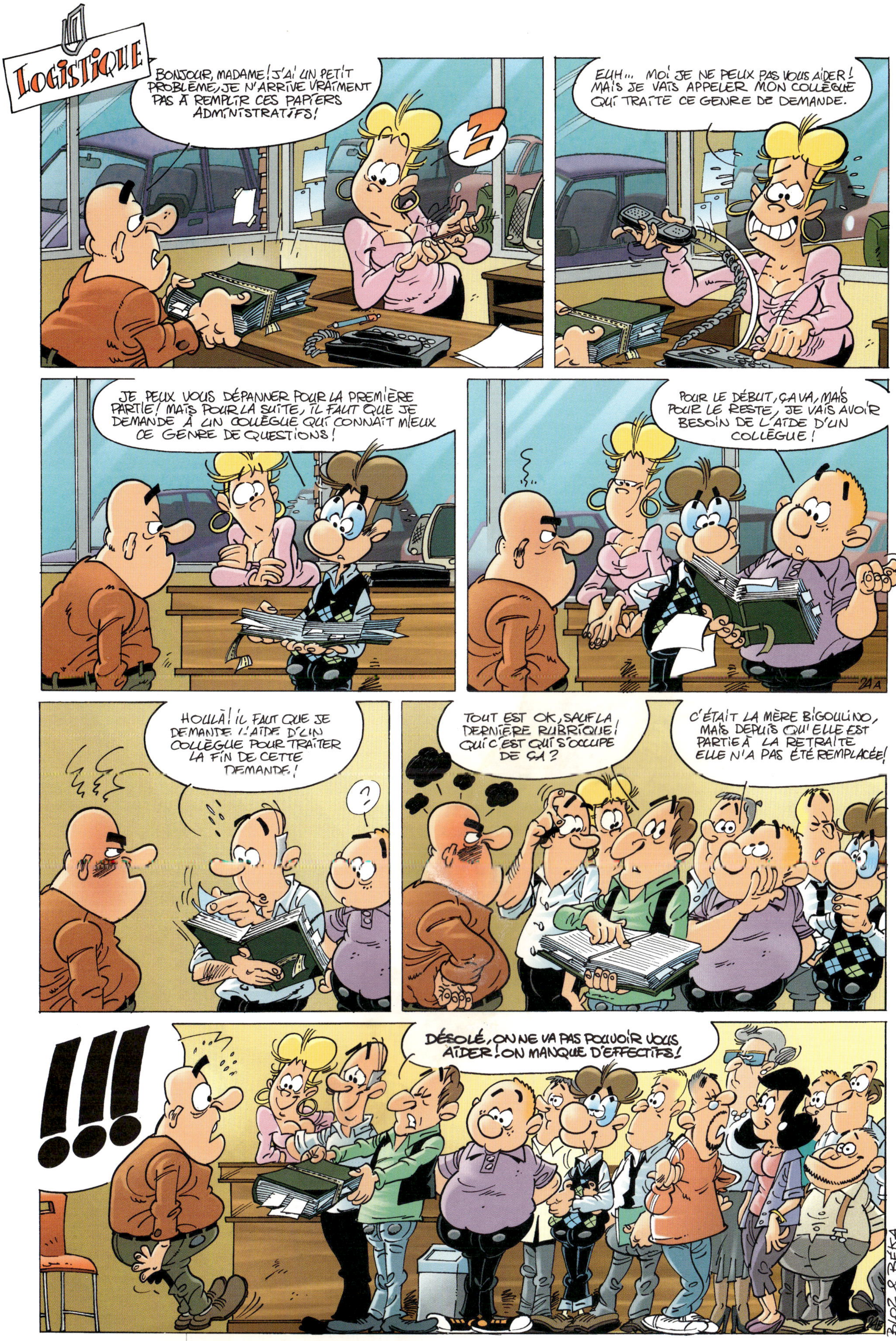
LOGISTIQUE
BONJOUR, MADAME ! J'AI UN PETIT PROBLÈME, JE N'ARRIVE VRAIMENT PAS À REMPLIR CES PAPIERS ADMINISTRATIFS !
EUH... MOI JE NE PEUX PAS VOUS AIDER ! MAIS JE VAIS APPELER MON COLLÈGUE QUI TRAITE CE GENRE DE DEMANDE.
JE PEUX VOUS DÉPANNER POUR LA PREMIÈRE PARTIE ! MAIS POUR LA SUITE, IL FAUT QUE JE DEMANDE À UN COLLÈGUE QUI CONNAIT MIEUX CE GENRE DE QUESTIONS !
POUR LE DÉBUT, ÇA VA, MAIS POUR LE RESTE, JE VAIS AVOIR BESOIN DE L'AIDE D'UN COLLÈGUE !
HOULÀ ! IL FAUT QUE JE DEMANDE L'AIDE D'UN COLLÈGUE POUR TRAITER LA FIN DE CETTE DEMANDE !
?
TOUT EST OK, SAUF LA DERNIÈRE RUBRIQUE ! QUI C'EST QUI S'OCCUPE DE ÇA ?
C'ÉTAIT LA MÈRE BIGOULINO, MAIS DEPUIS QU'ELLE EST PARTIE À LA RETRAITE ELLE N'A PAS ÉTÉ REMPLACÉE !
!!!
DÉSOLÉ, ON NE VA PAS POUVOIR VOUS AIDER ! ON MANQUE D'EFFECTIFS !
BLOZ & BÉKA

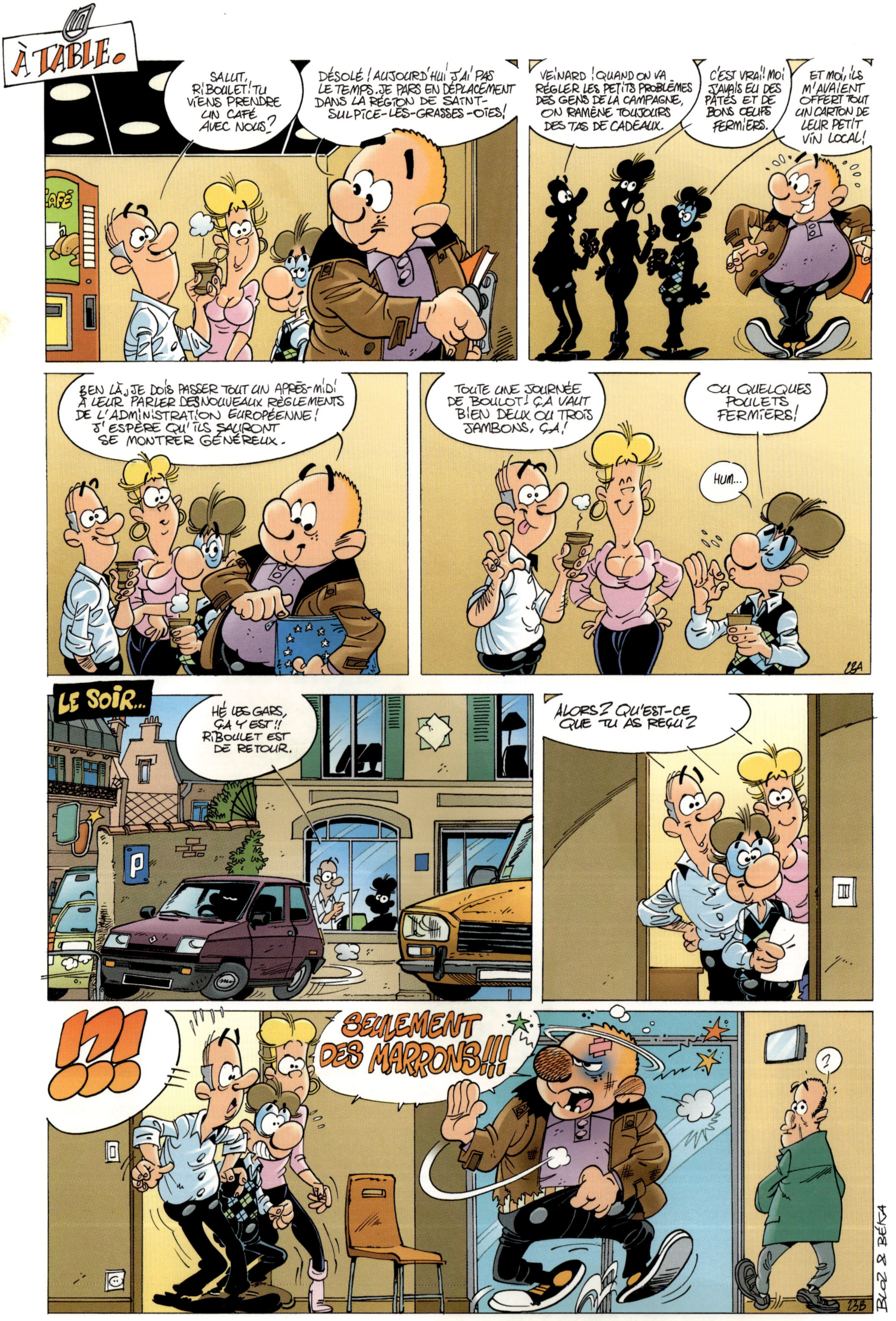
À TABLE.
SALUT, RIBOULET! TU VIENS PRENDRE UN CAFÉ AVEC NOUS?
DÉSOLÉ! AUJOURD'HUI J'AI PAS LE TEMPS. JE PARS EN DÉPLACEMENT DANS LA RÉGION DE SAINT-SULPICE-LES-GRASSES-OIES!
VEINARD! QUAND ON VA RÉGLER LES PETITS PROBLÈMES DES GENS DE LA CAMPAGNE, ON RAMÈNE TOUJOURS DES TAS DE CADEAUX.
C'EST VRAI! MOI J'AVAIS EU DES PÂTÉS ET DE BONS ŒUFS FERMIERS.
ET MOI, ILS M'AVAIENT OFFERT TOUT UN CARTON DE LEUR PETIT VIN LOCAL!
BEN LÀ, JE DOIS PASSER TOUT UN APRÈS-MIDI À LEUR PARLER DES NOUVEAUX RÈGLEMENTS DE L'ADMINISTRATION EUROPÉENNE! J'ESPÈRE QU'ILS SAURONT SE MONTRER GÉNÉREUX.
TOUTE UNE JOURNÉE DE BOULOT! ÇA VAUT BIEN DEUX OU TROIS JAMBONS, ÇA!
OU QUELQUES POULETS FERMIERS!
HUM...
LE SOIR...
HÉ LES GARS, ÇA Y EST!! RIBOULET EST DE RETOUR.
ALORS? QU'EST-CE QUE TU AS REÇU?
!?!
SEULEMENT DES MARRONS!!!
?
BLOZ & BÉKA

EN RODAGE.
?
BIP BIP
WIIIZ
GAME
BILIBIP
BILIBIP
BILIBIP
BILI...
?
?
MAIS ENFIN !! POUVEZ-VOUS ME DIRE POURQUOI VOUS NE FAITES RIEN ?
C'EST À CAUSE DE LA NOUVELLE DIRECTIVE DU MINISTÈRE ! DORÉNAVANT, LES DÉPARTS À LA RETRAITE NE SERONT PLUS REMPLACÉS !
ET ALORS ?
ET ALORS, UN JOUR ON NE SERA PLUS LÀ...
PLUS PERSONNE NE SERA LÀ...
...ALORS ON COMMENCE À PRÉPARER LES USAGERS À CETTE IDÉE !
ON LES AIDE À S'HABITUER À NOTRE ABSENCE !
BLOZ & BÉKA.

FORMATAGE.
MESSIEURS, NOUS VENONS DE RECEVOIR UN NOUVEAU LOGICIEL QUI VA REMPLACER CELUI QUE VOUS UTILISEZ ACTUELLEMENT.
MONSIEUR SENSI, ICI PRÉSENT, VA VOUS APPRENDRE À VOUS EN SERVIR.
TRÈS BIEN, J'IMAGINE QUE VOUS MAÎTRISEZ PARFAITEMENT LES FONCTIONS ÉLÉMENTAIRES DE VOTRE ORDINATEUR.
OUI!
MOI, JE SAIS L'ALLUMER!
ET MOI JE SAIS SURTOUT L'ÉTEINDRE!
HEU... JE VOIS! NOUS ALLONS PEUT-ÊTRE REVOIR LES APPRENTISSAGES FONDAMENTAUX.
L'UTILISATION DE LA RUBRIQUE "FICHIER" VOUS PERMET D'ACCÉDER À L'ARBORESCENCE QUI...
OH, REGARDE RIBOULET! LE LOGO, C'EST UN PETIT CRAYON QUI FAIT DU VÉLO!
HIHIHI!!
MAIS ENFIN!! VOUS ÊTES EN TRAIN D'IMPRIMER TOUT LE CONTENU DE VOTRE ORDINATEUR!!
BEN OUI, JE FAIS TOUJOURS ÇA POUR ÊTRE SÛR QUE MON DOCUMENT Y SOIT!
DZ DZ DZ DZ DZ DZ
TIENS, C'EST RIGOLO! J'AI CLIQUÉ SUR "FORMATER" PENSANT CHANGER DE FORMAT POUR MON TEXTE... ET IL N'Y A PLUS RIEN SUR L'ÉCRAN!
TIC TIC TIC TIC
UN MOIS + TARD...
ÇA Y EST, MONSIEUR ROMBILLARD! ILS SONT ENFIN OPÉRATIONNELS.
AH!!! TANT MIEUX ...
... CAR NOUS VENONS DE RECEVOIR UN NOUVEAU LOGICIEL QUI VA REMPLACER CELUI QU'ILS UTILISENT ACTUELLEMENT ET IL VA FALLOIR LEUR APPRENDRE À S'EN SERVIR!
BLOZ & BÉKA

BON FOND.
ASSEYEZ-VOUS MONSIEUR RIBOULET!
JE VOUS AI CONVOQUÉ CAR LE MINISTÈRE LANCE UNE GRANDE OPÉRATION VISANT À AMÉLIORER LES CONDITIONS DE TRAVAIL DU PERSONNEL DE LA FONCTION PUBLIQUE.
VOUS POUVEZ ME PARLER FRANCHEMENT! EN TANT QUE DÉLÉGUÉ SYNDICAL, QU'EST-CE QUE VOUS PROPOSERIEZ COMME CHANGEMENTS?
BEN... HEU... CE QU'ON AIMERAIT LE PLUS, MES COLLÈGUES ET MOI, C'EST SORTIR DE NOTRE PETIT TRAIN-TRAIN QUOTIDIEN ... VOIR DE NOUVEAUX HORIZONS.
21A
VOUS COMPRENEZ, MONSIEUR BIGOULINO, ON A BESOIN DE NOUVEAUTÉ, DE DÉPAYSEMENT... IL N'Y A RIEN DE PIRE POUR LE MORAL QUE D'ÊTRE TOUJOURS DANS LE MÊME CADRE!
AUSSI, SI VOUS POUVIEZ FAIRE EN SORTE QU'ON VOIT PLUS SOUVENT LA MER OU LA MONTAGNE...
ALORS, QU'EST-CE QUE ÇA A DONNÉ?
BEN... ON A OBTENU DE NOUVEAUX FONDS D'ÉCRAN POUR NOS ORDINATEURS!
21B
BLOZ & BÉKA

PSYCHOTEST
MON NOM EST JEANNE DE LACAN ET JE SUIS PSYCHOLOGUE !
JE VIENS VOUS FAIRE SUBIR QUELQUES ÉVALUATIONS QUI PERMETTRONT À VOTRE DIRECTION DE MIEUX VOUS CONNAÎTRE !
JE VAIS DONC VOUS DEMANDER DE BIEN VOULOIR RÉPONDRE À CE QUESTIONNAIRE !
DÉPÊCHEZ-VOUS ! VOUS N'AVEZ QU'UNE HEURE !
1 HEURE + TARD !
VENEZ VOIR ÇA ! C'EST EXTRAORDINAIRE !
?
REGARDEZ ! VOUS AVEZ DES COLLABORATEURS HORS DU COMMUN !!
PERSONNE N'AVAIT ENCORE AUSSI BIEN RÉUSSI CE TEST !
MAIS ?! QU'EST-CE QUE VOUS ÉVALUEZ EXACTEMENT ?
!?
LEUR RÉSISTANCE AU STRESS !
BLOZ & BEKA

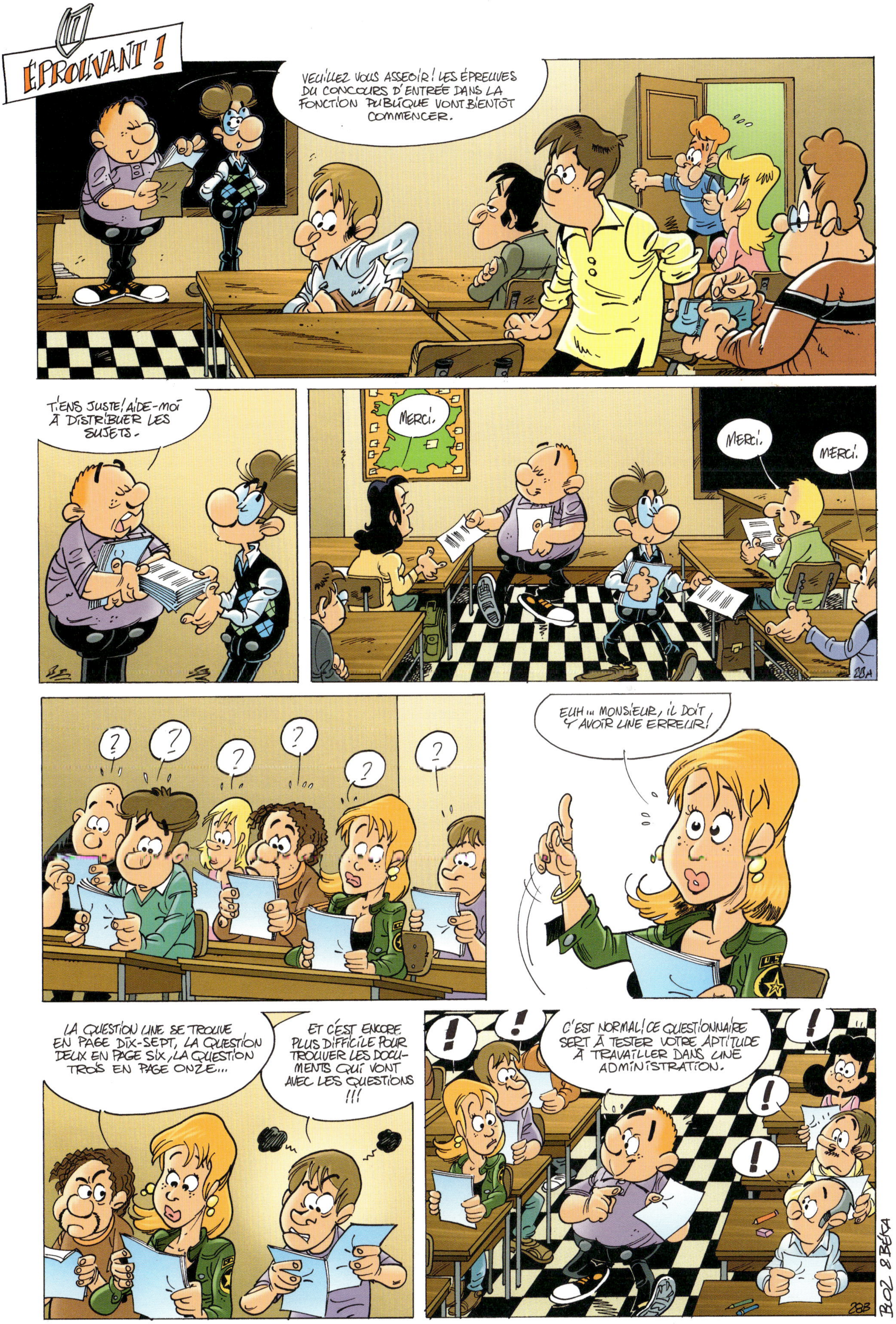
ÉPROUVANT !
VEUILLEZ VOUS ASSEOIR ! LES ÉPREUVES DU CONCOURS D'ENTRÉE DANS LA FONCTION PUBLIQUE VONT BIENTÔT COMMENCER.
TIENS JUSTE ! AIDE-MOI À DISTRIBUER LES SUJETS.
MERCI.
MERCI.
MERCI.
EUH... MONSIEUR, IL DOIT Y AVOIR UNE ERREUR !
LA QUESTION UNE SE TROUVE EN PAGE DIX-SEPT, LA QUESTION DEUX EN PAGE SIX, LA QUESTION TROIS EN PAGE ONZE...
ET C'EST ENCORE PLUS DIFFICILE POUR TROUVER LES DOCUMENTS QUI VONT AVEC LES QUESTIONS !!!
C'EST NORMAL ! CE QUESTIONNAIRE SERT À TESTER VOTRE APTITUDE À TRAVAILLER DANS UNE ADMINISTRATION.
BLOZ & BÉKA

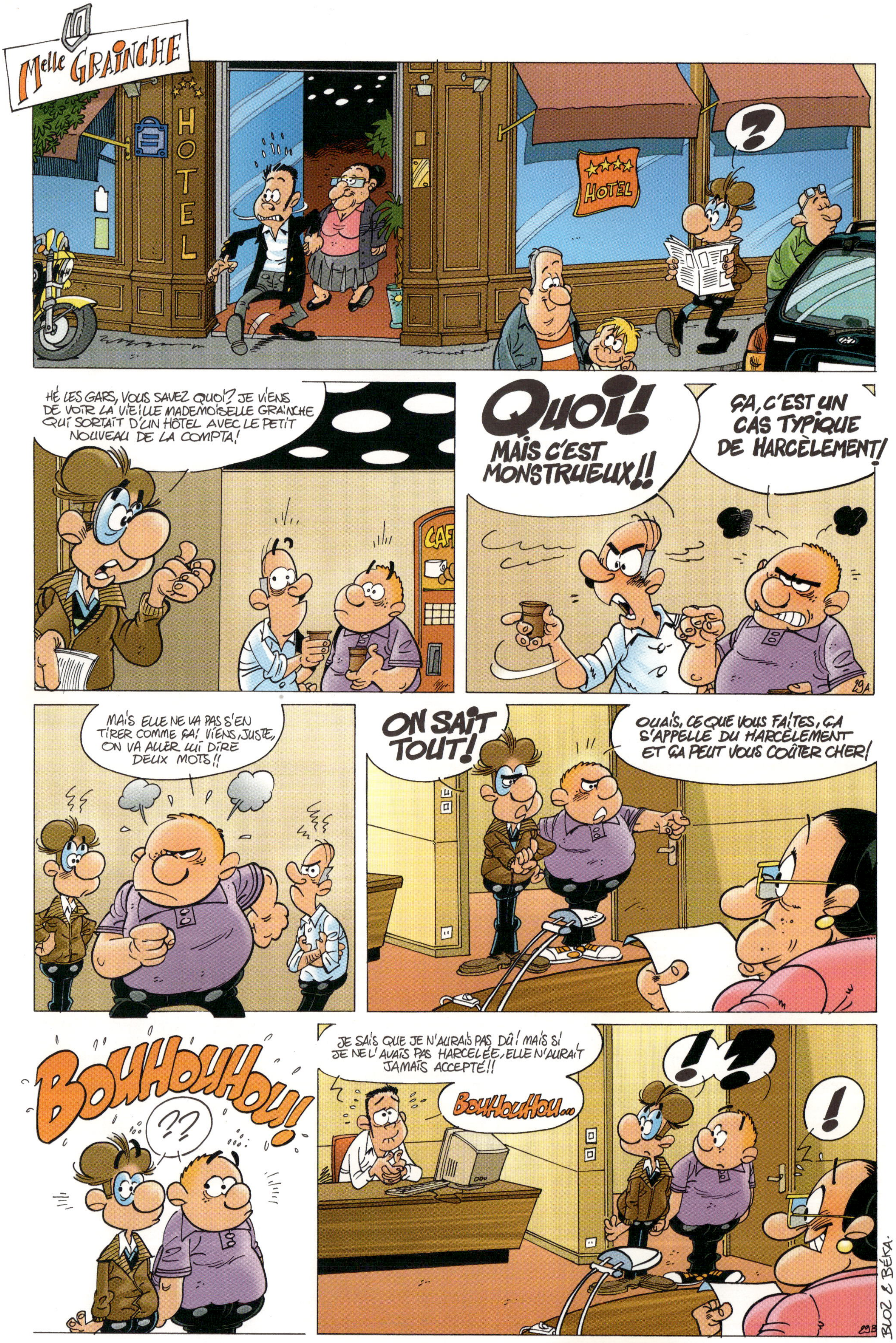
Melle GRAINCHE
HOTEL
HOTEL
?
HÉ LES GARS, VOUS SAVEZ QUOI? JE VIENS DE VOIR LA VIEILLE MADEMOISELLE GRAINCHE QUI SORTAIT D'UN HÔTEL AVEC LE PETIT NOUVEAU DE LA COMPTA!
CAFÉ
QUOI! MAIS C'EST MONSTRUEUX!!
ÇA, C'EST UN CAS TYPIQUE DE HARCÈLEMENT!
MAIS ELLE NE VA PAS S'EN TIRER COMME ÇA! VIENS, JUSTE, ON VA ALLER LUI DIRE DEUX MOTS!!
ON SAIT TOUT!
OUAIS, CE QUE VOUS FAITES, ÇA S'APPELLE DU HARCÈLEMENT ET ÇA PEUT VOUS COÛTER CHER!
BOUHOUHOU!
??
JE SAIS QUE JE N'AURAIS PAS DÛ! MAIS SI JE NE L'AVAIS PAS HARCELÉE, ELLE N'AURAIT JAMAIS ACCEPTÉ!!
BOUHOUHOU...
!?
!
BLOZ & BÉKA.

LA POINTEUSE.
PFUUU! AVANT, QUAND IL N'Y AVAIT PAS ENCORE LA POINTEUSE, ON POUVAIT FAIRE BEAUCOUP DE CHOSE ENTRE MIDI ET QUINZE HEURES!
OUAIS! ON POUVAIT ALLER CHEZ LE COIFFEUR!
ET MÊME FAIRE UN MATCH DE TENNIS.
MOI, J'ALLAIS AU MAGASIN DE BRICOLAGE ACHETER DES MATÉRIAUX POUR RETAPER MA MAISON.
MAIS MAINTENANT, C'EST PLUS POSSIBLE DE FRAUDER! ON EST OBLIGÉS D'ÊTRE AU BOULOT!
OUAIS!
PIOU! PIOU! PAF
PAF
WIIIZ
POUF
PAF
TIME
SCORE
SCORE
AUTO

AFFAIRE COURANTE.
SALUT MON VIEUX RIBOULET! JE VIENS DÉPOSER UN DOSSIER ET JE ME SUIS DIT QUE TU POURRAIS PEUT-ÊTRE FAIRE QUELQUE CHOSE POUR ACCÉLÉRER LA PROCÉDURE!?
PAS DE PROBLÈME, ROBERT, JE M'EN OCCUPE!
FAIS-MOI CONFIANCE, ÇA VA ALLER VITE!
SALUT FURIN! TU PEUX ME TRAITER ÇA EN PRIORITÉ? C'EST POUR UN POTE.
PAS DE SOUCI! JE M'EN OCCUPE DÈS QUE J'AI FINI MON JOURNAL!
BONJOUR MONSIEUR ROMBILLARD! POUVEZ-VOUS JETER UN COUP D'OEIL SUR CE DOSSIER?
AVEC PLAISIR, MONSIEUR RIBOULET! JE SUIS RAVI DE VOUS VOIR AUSSI ACTIF DE SI BON MATIN!
MONSIEUR BIGOULINO! J'AURAIS BESOIN D'UNE PETITE SIGNATURE, S'IL VOUS PLAIT!
J'ESPÈRE QUE CE N'EST PAS UNE DEMANDE DE CONGÉ AU MOINS?
ÇA Y EST, ROBERT! C'EST FAIT!
DÉJÀ?
ET OUI! GRÂCE À MOI, TON DOSSIER A ÉTÉ REFUSÉ EN QUELQUES HEURES ALORS QUE NORMALEMENT TU AURAIS DÛ ATTENDRE DEUX MOIS POUR ÇA.
!?
QU'EST-CE QUE TU CROIS, ÇA SERT DE CONNAÎTRE QUELQU'UN DANS LA BOÎTE...
...N'HÉSITE PLUS!
BLOZ & BÉKA

S.Y.N.D.i.C.A.T.
C'EST UNE HONTE! LA DIRECTION ORGANISE DES C.T.P.D. SANS TENIR COMPTE DES S.D.F.D!
SYNICT G.P.T
ILS PRÉPARENT UNE S.N.A.P. POUR FAIRE PASSER EN DOUCE UNE P.D.L.A. ET PENDANT CE TEMPS, NOUS, ON RESTE DANS NOTRE S.J.U.
MAIS ALORS! SI ON NE CONTRE PAS LA D.G. ON VA TOUS FINIR EN C.P.A. !!
OU MÊME EN C.P.D. OU C.P.R.!
EXACTEMENT! AUSSI JE VOUS PROPOSE QU'ON ORGANISE UNE R.C.S. POUR CONTRER CES P.U.T. QUI VEULENT NOUS CONDUIRE À UNE G.P.I.!
TOUT À FAIT D'ACCORD AVEC TOI!! NON AUX G.P.I!!
OUI, SOYONS SOLIDAIRES SI NOUS VOULONS ÉVITER UNE D.C.T.F.P.
ALORS, CETTE RÉUNION INTER-SYNDICALE, QU'EST-CE QU'IL EN RESSORT?
SI J'AI BIEN COMPRIS, ON EST DANS LA M.E.R.D.E!!
BLOZ & BÉKA

À LA TIENNE.
MARDI : POT D'ANNIVERSAIRE DE FURIN.
MERCREDI : POT DU CHANGEMENT D'ÉCHELON DE JUSTE.
JEUDI : POT DU DÉPART À LA GUADELOUPE DE MARIE-RÉGINE.
VENDREDI : PAS DE POT.
BLOZ & BÉKA

Girls Only.
TENNIS CLUB
HORAIRES
P
TIENS, BRIGITTE! TU ES LÀ, TOI AUSSI!
ÉVIDEMMENT! TU PENSES BIEN QUE JE N'ALLAIS PAS LAISSER PASSER UNE OCCASION PAREILLE!
JE VOIS QUE C'EST UN SUCCÈS CETTE CAMPAGNE QUI INCITE LES FEMMES À FAIRE DU SPORT!
OUI! IL FAUT DIRE QU'ILS N'ONT PAS LÉSINÉ SUR LES MOYENS!
...TOUTES LES ADMINISTRATIONS SE SONT MISES D'ACCORD POUR OFFRIR UNE SEMAINE DE CONGÉ À LA MEILLEURE ÉQUIPE FÉMININE DU TOURNOI.
ÇA, ÇA VA FAIRE DES JALOUX!
OUI!!! HI HI HI HI...
POUR UNE FOIS QU'ON A UN AVANTAGE QUE LES HOMMES N'ONT PAS!
?
SURTOUT NE PARLE PAS ET LES ORGANISATEURS N'Y VERRONT QUE DU FEU.
BLOZ & BÉKA

PLUMERI.
?
NE PAS DÉRANGER JE BOSSE
QUI C'EST, CELUI-LÀ?
C'EST PLUMERI! UN GARS QUI BOSSE TOUT LE TEMPS!
NE PAS DÉRANGER
VINGT ANS QU'IL EST DANS LA BOÎTE ET PERSONNE NE LE CONNAÎT VRAIMENT! QUAND ON ARRIVE LE MATIN, IL BOSSE DÉJÀ, ET QUAND ON REPART LE SOIR, IL BOSSE ENCORE!
LE PAUVRE!
ON DEVRAIT L'INVITER À PRENDRE UN CAFÉ! ÇA LE DÉTENDRAIT UN PEU...
POURQUOI PAS!
TOC TOC
NE PAS DÉRANGER JE BOSSE
SALUT PLUMERI! ÇA TE DIRAIT DE PRENDRE UN CAFÉ AVEC NOUS?
?
?
EUH... ÇA VA PAS, PLUMERI?
OH! VIENS VOIR ÇA, JUSTE!
CE GARS EST UN GÉNIE! ÇA FAIT VINGT ANS QU'ON LE PREND POUR UN EMPLOYÉ MODÈLE ALORS QU'IL NE VIENT MÊME PAS AU BUREAU!
BLOZ & BÉKA

TÊTE À CLAQUES
ALORS, MONSIEUR RIBOULET! VOUS AVEZ TERMINÉ LE TRAVAIL QUE JE VOUS AVAIS DEMANDÉ?
BEN NON! JE N'AI PAS TOUT À FAIT FINI.
IL Y A DES RUBRIQUES NOUVELLES DANS CE DOSSIER ET JE NE SAIS VRAIMENT PAS COMMENT LES TRAITER!...
!
UN BON EMPLOYÉ DE BUREAU DOIT SAVOIR SE SERVIR DE SA TÊTE!!
JE REPASSE DANS UN QUART D'HEURE!
TÂCHEZ DE SUIVRE MON CONSEIL!!
VLAM!
UN QUART D'HEURE + TARD...
ALORS, CE DOSSIER, IL EST TRAITÉ?
!?
BLOZ & BEKA

TÉKITOI!
SALUT!
SALUT!
IL EST VRAIMENT SYMPA CE TYPE!
OUI, ÇA NE FAIT PAS LONGTEMPS QU'IL BOSSE À NOTRE ÉTAGE! AVANT, ON LE CROISAIT PLUTÔT AU CINQUIÈME!
TIENS, C'EST VRAI! IL A DÛ ÊTRE MUTÉ RÉCEMMENT!
TU SAIS QUOI!? ON DEVRAIT L'INVITER À BOIRE UN CAFÉ AVEC NOUS POUR MIEUX LE CONNAÎTRE!
EXCELLENTE IDÉE!
PEU APRÈS...
MERCI!
RIBOULET ET MOI, ON SE DEMANDAIT JUSTEMENT DANS QUEL SERVICE TU BOSSAIS?
MOI!? MAIS DANS AUCUN...
...JE SUIS UN USAGER!
ÇA FAIT SIX MOIS QUE VOTRE ADMINISTRATION M'ENVOIE DE BUREAU EN BUREAU POUR TRAITER MA DEMANDE!
!?
BLOZ & BÉKA

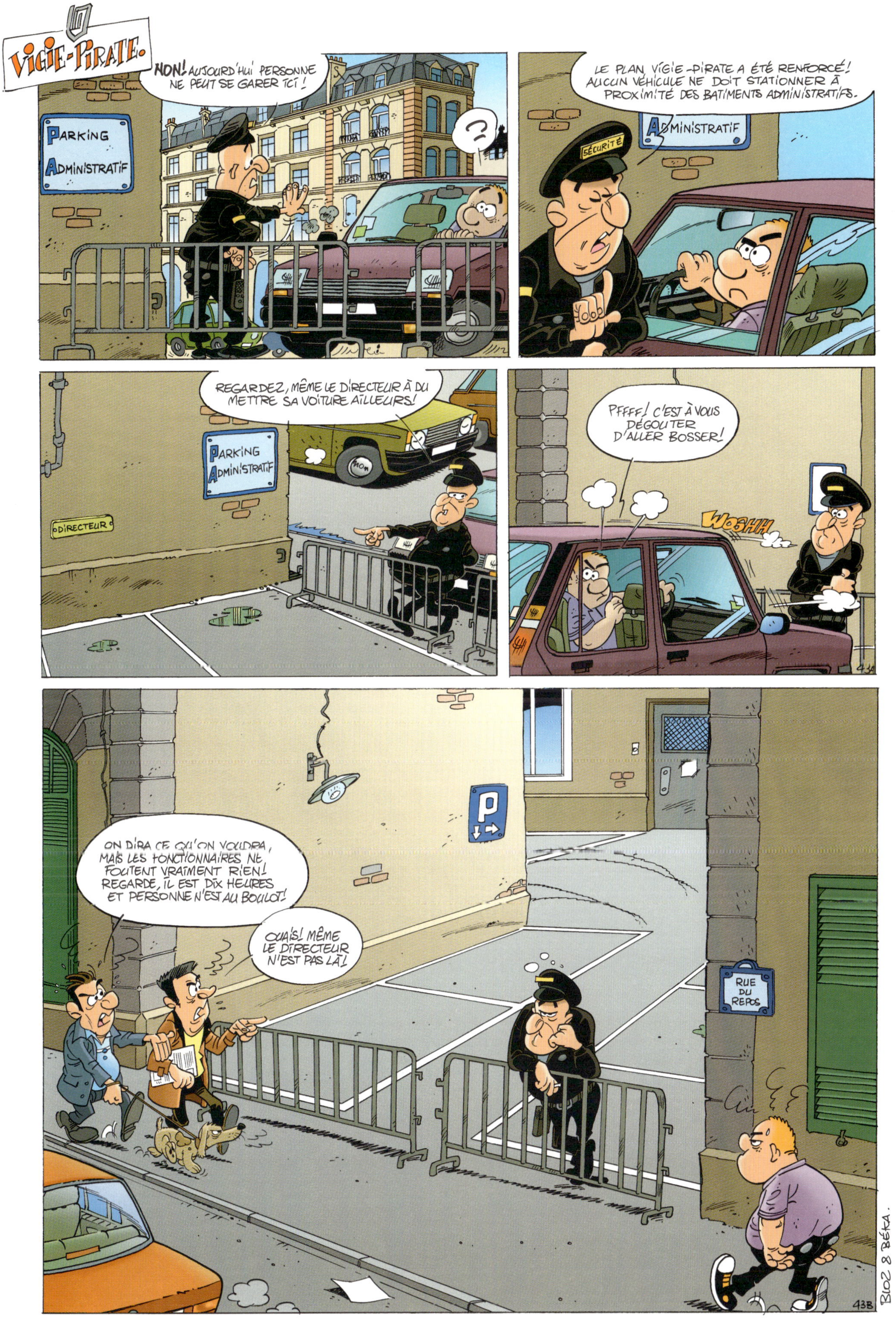
VIGIE-PIRATE.
NON! AUJOURD'HUI PERSONNE NE PEUT SE GARER ICI!
PARKING ADMINISTRATIF
?
LE PLAN VIGIE-PIRATE A ÉTÉ RENFORCÉ! AUCUN VÉHICULE NE DOIT STATIONNER À PROXIMITÉ DES BATIMENTS ADMINISTRATIFS.
SÉCURITÉ
ADMINISTRATIF
REGARDEZ, MÊME LE DIRECTEUR À DU METTRE SA VOITURE AILLEURS!
PARKING ADMINISTRATIF
DIRECTEUR
PFFFF! C'EST À VOUS DÉGOUTER D'ALLER BOSSER!
WOSHH
ON DIRA CE QU'ON VOUDRA, MAIS LES FONCTIONNAIRES NE FOUTENT VRAIMENT RIEN! REGARDE, IL EST DIX HEURES ET PERSONNE N'EST AU BOULOT!
OUAIS! MÊME LE DIRECTEUR N'EST PAS LÀ!
RUE DU REPOS
BLOZ & BÉKA.

CARICATURE ?
VENEZ VOIR ! JE VIENS DE RECEVOIR LES NOUVEAUX GAGS DE LA BD SUR LES FONCTIONNAIRES !
FAIS VOIR !
FAIS VOIR !
ILS EXAGÈRENT ! C'EST PAS VRAI QU'ON PASSE NOTRE TEMPS À DRAGUER !
NI QU'ON FAIT LA PAUSE-CAFÉ TOUTES LES CINQ MINUTES.
EH LES GARS ! VENEZ VITE ! TOUTES LES SECRÉTAIRES DU PREMIER SONT RASSEMBLÉES DEVANT LA MACHINE À CAFÉ !
ON ARRIVE !!
POUR EN REVENIR À CETTE BD, SI TU VEUX MON AVIS, LES GARS QUI FONT ÇA N'ONT JAMAIS ÉTÉ FONCTIONNAIRES !
OUI ! SÛR QUE TU AS RAISON !
ARABICA
BLOZ & BÉKA

À découvrir aux éditions BAMBOO

LES PROFS - 8 tomes

1 - INTERRO SURPRISE
2 - LOTO ET COLLES
3 - TOHU-BAHUT
4 - RENTRÉE DES ARTISTES
5 - CHUTE DES COURS
6 - CLASSE TOURISTE
7 - MISE EN EXAMEN
8 - FENÊTRE SUR COURS

Pica & Erroc

LES GENDARMES - 8 tomes

1 - FLAGRANT DÉLIRE !
2 - PROCÈS VERT PÂLE !
3 - RADAR-DARE
4 - AMENDE HONORABLE !
5 - SOURIEZ, VOUS ÊTES FLASHÉS
6 - UN P.V. DANS LA MARE !
7 - COFFRÉ SURPRISE !
8 - PERMIS CUIT À POINT !

Jenfèvre, Sulpice & Cazenove

LES POMPIERS - 4 tomes

Tome 1 :
DES GARS DES EAUX
Tome 2 :
HOMMES AU FOYER
Tome 3 :
LE FEU DE L'AMOUR
Tome 4 :
POTES AU FEU

Stédo
Cazenove

LES FONCTIONNAIRES - 6 tomes

1 - MÉTRO, DODO, DODO...
2 - RÉDUCTION DU TEMPS DE TRAVAIL
3 - TRAVAIL À LA CHAÎNE...
4 - GRÈVE SANS PRÉAVIS
5 - CORRUPTION DE FONCTIONNAIRES
6 - EMPLOYÉS DES TAS

Bloz & Béka

LES TOUBIBS - 3 tomes

Tome 1 :
C'EST GRAVE, DOCTEUR ?
Tome 2 :
AU SUIVANT !
Tome 3 :
BONS RÉFLEXES

Bélom
Gégé
Sirvent

LES ASSUREURS - 2 tomes

Tome 1
Tome 2

Jenfèvre
Sulpice

LES COMMERCIAUX- 3 tomes

Tome 1 :
FARCE DE VENTE
Tome 2 :
LES DESSOUS DE LA VENTE
Tome 3 :
SÉVICES APRÈS-VENTE

Radôche
Plumeri
Boitelle

L'AUTO ÉCOLE - 3 tomes

Tome 1 :
PERMIS D'ÉCONDUIRE
Tome 2 :
CONDUITE ACCOMPAGNÉE
Tome 3 :
ZÉRO DE CONDUITE

Cazenove
Amouriq

LES MUSICOS - 3 tomes

Tome 1
Tome 2
Tome 3

Janvier
Jenfèvre
Erroc

BASKET DUNK - 2 tomes

Tome 1
Tome 2

Cazenove
Plumeri
Mauricet

LES FOOT MANIACS - 3 tomes

Tome 1
Tome 2
Tome 3

Jenfèvre
Sulpice
Jack
Béka

LES BABYFOOTS

BABYFOOTS

Bouchard
Pica

LES VÉLOMANIACS

Tome 1

Julié
Garréra

LES RUGBYMEN - 3 tomes

Tome 1 :
ON VA LEUR METTRE LES POINGS SUR LES YEUX
Tome 2 :
SI ON GAGNE PAS, ON A PERDU !
Tome 3 :
ON N'EST PAS VENUS POUR ÊTRE LÀ !

Béka
Poupard

LES DAMNÉS DE LA ROUTE - 5 tomes

1 - ON ACHÈVE BIEN LES 2 CV
2 - L'HOMME QUI MURMURAIT À L'OREILLE DES 2 CV
3 - LES 2 CV SE CACHENT POUR MOURIR
4 - VOL AU DESSUS D'UN NID DE 2 CV
5 - SEA, SEX AND DEUCHE !

Achdé
Rodrigue
Richez

LES RIPOUPONS - 4 tomes

Tome 1 :
TOUCHE PAS À MON DOUDOU
Tome 2 :
ON REMET UNE COUCHE !
Tome 3 :
MÊME PAS PEUR !
Tome 4 :
POTS, POTINS

Gégé & Bélom

WESH WESH CREW

Tome 1
CHANGE PAS DE CAP

Rudo

RAOUL ET FERNAND - 2 tomes

Tome 1 :
LA FUREUR DE VIVRE !
Tome 2 :
LE FRIGO DE L'ANGOISSE

Erroc

LOLA BOGOTA - 2 tomes

Tome 1 :
NOTRE DAME DE COLOMBIE
Tome 2 :
JFK

Brrémaud
Chanoinat
Reynès

ZONE 51 - 2 tomes

Tome 1 :
ROSWELL ATTITUDE
Tome 2 :
FÊTE À L'ALIEN

Cazenove
Wozniak

SORTIE